EXTINCTION DU PAUPÉRISME

PAR

LOUIS-NAPOLÉON BONAPARTE

Publié par M. Ch.-El. TEMBLAIRE.

Quatrième Édition.

PARIS

36, RUE NEUVE-DES-PETITS-CHAMPS.

SEPTEMBRE 1848.

Paris. — Imp. Lacrampe et Fertiaux, rue Damiette, 2.

AVANT-PROPOS.

—

Je dois dire un mot pour expliquer le titre de cette brochure.

On trouvera peut-être, comme un littérateur plein de mérite me l'a déjà fait remarquer, que les mots *Extinction du Paupérisme* ne se rapportent pas directement à un écrit qui a pour unique but le bien-être de la classe ouvrière.

Il est vrai qu'il y a une grande différence entre la misère qui provient de la stagnation forcée du travail, et le paupérisme, qui souvent est le résultat du vice. Cependant on peut soutenir que l'un est la conséquence immédiate de l'autre ; car, répandre dans les classes ouvrières, qui sont les plus nombreuses, l'aisance, l'instruction, la morale, c'est extirper le paupérisme, sinon en entier, du moins en grande partie.

Ainsi, proposer un moyen capable d'initier les masses à tous les bienfaits de la civilisation, c'est tarir les sources de l'ignorance, du vice, de la misère. Je crois donc pouvoir, sans trop de hardiesse, conserver à mon travail le titre d'*Extinction du Paupérisme.*

Je livre mes réflexions au public dans l'espoir que, développées et mises en pratique, elles pourront être utiles au soulagement de l'humanité. Il est naturel dans le malheur de songer à ceux qui souffrent.

Louis-Napoléon BONAPARTE.

Fort de Ham, mai 1844.

EXTINCTION DU PAUPÉRISME.

CHAPITRE I.

La richesse d'un pays dépend de la prospérité de l'agriculture et de l'industrie, du déve-
loppement du commerce intérieur et extérieur,
de la juste et équitable répartition des revenus
publics.

Il n'y a pas un seul de ces éléments divers du
bien-être matériel qui ne soit miné en France
par un vice organique. Tous les esprits indé-

pendants le reconnaissent. Ils diffèrent seulement sur les remèdes à apporter.

AGRICULTURE. Il est avéré que l'extrême division des propriétés tend à la ruine de l'agriculture, et cependant le rétablissement de la loi d'aînesse, qui maintenait les grandes propriétés et favorisait la grande culture, est une impossibilité. Il faut même nous féliciter, sous le point de vue politique, qu'il en soit ainsi.

INDUSTRIE. L'industrie, cette source de richesse, n'a aujourd'hui ni règle, ni organisation, ni but. C'est une machine qui fonctionne sans régulateur; peu lui importe la force motrice qu'elle emploie. Broyant également dans ses rouages les hommes comme la matière, elle dépeuple les campagnes, agglomère la population dans des espaces sans air, affaiblit l'esprit comme le corps, et jette ensuite sur le pavé, quand elle n'en sait plus que faire, les hommes qui ont sacrifié pour l'enrichir leur force, leur jeunesse, leur existence. Véritable Saturne du travail, l'industrie dévore ses enfants et ne vit que de leur mort.

Faut il cependant, pour parer à ses défauts, la placer sous un joug de fer, lui ôter cette liberté qui seule fait sa vie, la tuer, en un mot, parce qu'elle tue, sans lui tenir compte de ses immenses bienfaits? Nous croyons qu'il suffit de guérir ses blessés, de prévenir ses blessures.

Mais il est urgent de le faire : car la société n'est pas un être fictif; c'est un corps en chair et en os, qui ne saurait prospérer qu'autant que toutes les parties qui le composent sont dans un état de santé parfaite.

Il faut un remède efficace aux maux de l'industrie : le bien général du pays, la voix de l'humanité, l'intérêt même des gouvernements, tout l'exige impérieusement.

COMMERCE INTÉRIEUR. Le commerce intérieur souffre, parce que l'industrie, produisant trop en comparaison de la faible rétribution qu'elle donne au travail, et l'agriculture ne produisant pas assez, la nation se trouve composée de producteurs qui ne peuvent pas vendre et de consommateurs affamés qui ne peuvent pas acheter ; et le manque d'équilibre de la situation contraint le gouvernement, ici comme en Angleterre, d'aller chercher jusqu'en Chine quelques *milliers* de consommateurs en présence de *millions* de Français ou d'Anglais qui sont dénués de tout, et qui, s'ils pouvaient acheter de quoi se nourrir et se vêtir convenablement, créeraient un mouvement commercial bien plus considérable que les traités les plus avantageux.

COMMERCE EXTÉRIEUR. Les causes qui paralysent nos exportations hors de France, touchent de trop près à la politique pour que nous voulions en parler ici. Qu'il nous suffise de dire que la quantité de marchandises qu'un pays exporte, est toujours en raison directe du nombre de *boulets* qu'il peut envoyer à ses ennemis quand son honneur et sa dignité le commandent. Les événements qui se sont passés récemment en Chine sont une preuve de cette vérité.

Parlons maintenant de l'impôt.

IMPÔT. La France est un des pays les plus imposés de l'Europe. Elle serait peut-être le pays le plus riche, si la fortune publique était répartie de la manière la plus équitable.

Le prélèvement de l'impôt peut se comparer à l'action du soleil qui absorbe les vapeurs de la terre, pour les répartir ensuite à l'état de pluie, sur tous les lieux qui ont besoin d'eau pour être fécondés et pour produire. Lorsque cette restitution s'opère régulièrement, la fertilité s'en suit; mais lorsque le ciel, dans sa colère, déverse partiellement en orages, en trombes et en tempêtes, les vapeurs absorbées, les germes de production sont détruits, et il en résulte la stérilité, car il donne aux uns beaucoup trop et aux autres pas assez. Cependant, quelle qu'ait été l'action bienfaisante ou malfaisante de l'atmosphère, c'est presque toujours, au bout de l'année, *la même quantité d'eau* qui a été prise et rendue. La *répartition* seule fait donc la différence. Équitable et régulière, elle crée l'abondance; prodigue et partiale, elle amène la disette.

Il en est de même des effets d'une bonne ou mauvaise administration. Si les sommes prélevées chaque année sur la généralité des habitants sont employées à des usages improductifs, comme à créer des places inutiles, à élever des monuments stériles, à entretenir au milieu d'une paix profonde une armée plus dispendieuse que celle qui vainquit à Austerlitz, l'impôt, dans ce cas, devient un fardeau écrasant ; il épuise le pays, il prend sans rendre ; mais si, au contraire, ces ressources sont employées à créer de nouveaux éléments de production, à rétablir l'équilibre des richesses, à détruire la misère en activant et organisant le travail, à guérir enfin les maux que notre civilisation entraîne avec elle, alors certainement l'impôt devient pour les citoyens, comme l'a dit un jour un ministre à la tribune, le *meilleur des placements*.

C'est donc dans le budget qu'il faut trouver le premier point d'appui de tout système qui a pour but le soulagement de la classe ouvrière. Le chercher ailleurs est une chimère.

Les caisses d'épargne sont utiles sans doute pour la classe aisée des ouvriers ; elles lui fournissent le moyen de faire un usage avantageux de ses économies et de son superflu ; mais, pour la classe la plus nombreuse, qui n'a aucun superflu et par conséquent aucun moyen de faire des économies, ce système est complétement insuffisant. Vouloir, en effet, soulager la mi-ère des hommes qui n'ont pas de quoi vivre, en leur proposant de mettre tous les ans de côté *un quelque chose* qu'ils n'ont pas, est une dérision ou une absurdité !

Qu'y a-t-il donc à faire ? Le voici. Notre loi égalitaire de la division des propriétés ruine l'agriculture ; il faut remédier à cet inconvénient par une association qui, employant tous les bras inoccupés, recrée la grande propriété et la grande culture sans aucun désavantage pour nos principes politiques.

L'industrie appelle tous les jours les hommes dans les villes et les énerve. Il faut rappeler dans les campagnes ceux qui sont de trop dans les villes, et retremper en plein air leur esprit et leur corps.

La classe ouvrière ne possède rien, il faut la

rendre propriétaire. Elle n'a de richesse que ses bras, il faut donner à ces bras un emploi utile pour tous. Elle est comme un peuple d'Ilotes au milieu d'un peuple de Sybarites. Il faut lui donner une place dans la société, et attacher ses intérêts à ceux du sol. Enfin elle est sans organisation et sans liens, sans droits et sans avenir, il faut lui donner des droits et un avenir, et la relever à ses propres yeux par l'association, l'éducation, la discipline.

CHAPITRE II.

—

Pour accomplir un projet si digne de l'esprit démocratique et philantropique du siècle, si nécessaire au bien-être général, si utile au repos de la société, il faut trois choses : 1º une loi ; 2º une première mise de fonds prise sur le budget ; 5º une organisation.

1º LA LOI. Il y a en France, d'après la statistique agricole officielle, 9,190,000 hectares de terres incultes qui appartiennent soit au gouvernement, soit aux communes, soit à des particuliers. Ces landes, bruyères, communaux, pâtis, ne donnent qu'un revenu extrêmement faible, 8 francs par hectare. C'est un capital mort qui ne profite à personne. Que les Chambres décrètent que toutes ces terres incultes appartiennent de droit à l'association ouvrière, sauf à payer annuellement aux propriétaires actuels ce que ceux-ci en retirent aujourd'hui ; qu'elles donnent à ces bras qui chôment, ces terres qui chôment également, et ces deux capitaux improductifs renaîtront à la vie l'un par l'autre. On aura trouvé le moyen de soulager la misère tout en enrichissant le pays. Afin d'éviter le reproche d'exagération, nous supposerons que les deux tiers seuls de ces neuf millions d'hectares puissent être livrés à l'association, et que l'autre tiers soit ou indéfrichable ou occupé par les bâtiments, les ruisseaux canaux, etc. Il resterait 6,127,000 hectares à défricher. Ce travail serait rendu possible par la création de colonies agricoles, qui, répandues sur toute la France, formeraient les bases d'une seule et vaste organisation dont tous les ouvriers pauvres seraient membres sans être personnellement propriétaires.

2º LA MISE DE FONDS. Les avances nécessaires à la création de ces établissements doivent être fournies par l'État. D'après nos estimations, ce sacrifice s'élèverait à une somme d'environ 500 millions payée en quatre ans ; car à la fin de ce laps de temps, ces colonies, tout en faisant vivre un grand nombre d'ouvriers, seraient déjà en bénéfice. Au bout de dix ans, le gouvernement pourrait y prélever un impôt foncier d'environ 8 millions sans compter l'augmentation naturelle des impôts indirects dont les recettes augmentent toujours en raison de la consommation, qui s'accroît elle-même avec l'aisance générale.

Cette avance de 500 millions ne serait donc pas un sacrifice, mais un *magnifique placement*. Et l'État, en songeant à la grandeur du but, pourrait-il se refuser à cette avance, lui qui dépense annuellement 46 millions (1) pour prévenir ou punir les attaques dirigées contre la propriété, qui

---

(1)   BUDGET DE 1843.

Frais de justice criminelle ou correctionnelle....................	4,179,400
Gendarmerie et sergents de ville......	19,795,782
Commissaires et agents..............	1,032,000

sacrifie tous les ans 500 millions pour façonner le pays au métier des armes, qui propose aujourd'hui 120 millions pour construire de nouvelles prisons. Enfin le pays qui, sans périr, a donné deux milliards aux étrangers qui ont envahi la France, qui, sans murmurer, a payé un milliard aux émigrés, qui, sans s'effrayer, dépense deux ou trois cents millions aux fortifications de Paris, ce pays là, dis-je, hésiterait-il à payer 500 millions en quatre ans pour détruire le paupérisme, pour affranchir les communes de l'immense fardeau que leur impose la misère, pour augmenter enfin la richesse territoriale de plus d'un milliard?

Administration supérieure de la police de sûreté................................	97,800
Maisons de détention, transports de condamnés................................	6,280,000
Bagnes...	5,728,550
Gardes-champêtres payés par les communes...................................	9,000,000
Total.........	46,111,522

5° L'ORGANISATION. Les masses sans organisation ne sont rien; disciplinées, elles sont tout. Sans organisation, elles ne peuvent ni parler ni se faire comprendre; elles ne peuvent même ni écouter ni recevoir une impulsion commune.

D'un côté, la voix de 20 millions d'hommes éparpillés sur un vaste territoire se perd sans échos; et de l'autre, il n'y a pas de parole assez forte et assez persuasive pour aller d'un point central porter dans 20 millions de consciences, *sans intermédiaires reconnus*, les doctrines toujours sévères du pouvoir.

Aujourd'hui, le règne des castes est fini : on ne peut gouverner qu'avec les masses; il faut donc les organiser pour qu'elles puissent formuler leurs volontés, et les discipliner pour qu'elles puissent être dirigées et éclairées sur leurs propres intérêts.

Gouverner, ce n'est plus dominer les peuples par la force et la violence; c'est les conduire vers un meilleur avenir, en faisant appel à leur raison et à leur cœur.

2

Mais comme les masses ont besoin d'être ins-
truites et moralisées, et qu'à son tour l'autorité
a besoin d'être contenue et même éclairée sur les
intérêts du plus grand nombre, il est de toute nécessité qu'il y ait dans la société deux mouvements
également puissants : une action du pouvoir sur
la masse et une réaction de la masse sur le pouvoir. Or, ces deux influences ne peuvent fonc-
tionner sans choc qu'au moyen d'intermédiaires
qui possèdent à la fois la confiance de ceux qu'ils
représentent, et la confiance de ceux qui gouver-
nent. Ces intermédiaires auront la confiance des
premiers dès qu'ils seront librement élus par
eux ; ils mériteront la confiance des seconds dès
qu'ils rempliront dans la société une place im-
portante, car on peut dire, en général, que
l'homme est ce que la fonction qu'il remplit
l'oblige d'être.

Guidé par ces considérations, nous voudrions
qu'on créât, entre les ouvriers et ceux qui les
emploient, une classe intermédiaire jouissant de
droits légalement reconnus et élue par la tota-

lité des ouvriers. Cette classe intermédiaire serait le corps des prud'hommes.

Nous voudrions qu'annuellement tous les travailleurs ou prolétaires s'assemblassent dans les
communes, pour procéder à l'élection de leurs représentants ou prud'hommes, à raison d'un prud-
d'homme pour dix ouvriers. La bonne conduite
serait la seule condition d'éligibilité. Tout chef
de fabrique ou de ferme, tout entrepreneur quel-
conque, serait obligé par une loi, dès qu'il em-
ploierait plus de dix ouvriers, d'avoir un prud-
d'homme pour les diriger, et de lui donner un
salaire double de celui des simples ouvriers.

Ces prud'hommes rempliraient, dans la classe
ouvrière, le même rôle que les sous-officiers rem-
plissent dans l'armée. Ils formeraient le premier
degré de la hiérarchie sociale, stimulant la loua-
ble ambition de tous, en leur montrant une ré-
compense facile à obtenir. Relevés à leurs propres yeux par les devoirs mêmes qu'ils auraient
à remplir, ils seraient forcés de donner l'exemple d'une bonne conduite. Par ce moyen, cha-

que dizaine d'ouvriers renfermerait en elle un germe de perfectionnement. Ce qui améliore les hommes, c'est de léur offrir toujours devant les yeux un but à atteindre, qui soit honorable et honoré !

Pour l'impulsion à donner à la masse pour l'éclairer, lui parler, la faire agir, la question se trouve simplifiée dans le rapport de 1 à 10; en supposant qu'il y ait 25 millions d'hommes qui vivent au jour le jour de leur travail, on aura deux millions et demi d'intermédiaires auxquels on pourra s'adresser avec d'autant plus de confiance qu'ils participent à la fois des intérêts de ceux qui obéissent et des idées de ceux qui commandent.

Ces prud'hommes seraient divisés en deux parties. Les uns resteraient dans l'industrie privée, les autres seraient employés aux établissements agricoles. Et, nous le répétons, cette différente mission serait le résultat du droit de l'élection directe attribuée à tous les travailleurs.

CHAPITRE III.

COLONIES AGRICOLES.

—

Supposons que les trois mesures précédentes soient adoptées :

Les vingt-cinq millions de prolétaires actuels ont des représentants, et le quart de l'étendue du domaine agricole de la France est leur propriété (1).

Dans chaque département, et d'abord là où

---

(1) Nous avons supposé que l'association ouvrière ne ferait d'abord qu'affermer la terre, puisqu'elle paierait aux propriétaires actuels le faible revenu qu'ils tirent des terres incultes et des communaux ; mais au fur et à mesure elle les rachèterait afin d'être seule propriétaire.

les terres incultes sont en plus grand nombre, s'élèvent des colonies agricoles offrant du pain, de l'instruction, de la religion, du travail à tous ceux qui en manquent, et Dieu sait si le nombre en est grand en France !

Ces institutions charitables, au milieu d'un monde égoïste livré à la féodalité de l'argent, doivent produire le même effet bienfaisant que ces monastères qui vinrent, au moyen âge, planter au milieu des forêts, des gens de guerre et des serfs, des germes de lumière, de paix, de civilisation.

L'association étant une pour toute la France, l'inégale répartition des terrains incultes, et même le petit nombre de ces terrains dans certains départements ne serait point un obstacle. Les familles pauvres d'un département qui ne posséderait point dans le principe de colonie agricole (1) se rendraient dans l'établissement le plus

---

(1) Nous disons *dans le principe*, parce que, dès que l'association serait en voie de prospérité, il serait

voisin, le grand bienfait de la solidarité étant surtout de répartir également les secours, de soulager toutes les misères, sans être arrêté par cette considération qui aujourd'hui excuse toutes les inhumanités : *Il n'est point de ma commune.*

Les colonies agricoles auraient deux buts à remplir. Le premier, de nourrir un grand nombre de familles pauvres, en leur faisant cultiver la terre, soigner les bestiaux, etc. Le second, d'offrir un refuge momentané à cette masse flottante d'ouvriers auxquels la prospérité de l'industrie donne une activité fébrile, et que la stagnation des affaires ou l'établissement de nouvelles machines plonge dans la misère la plus profonde.

Tous les pauvres, tous les individus sans ouvrage, trouveraient dans ces lieux à utiliser leur

---

de son intérêt d'établir des colonies agricoles dans chaque département, soit en défrichant les terres incultes, soit en achetant des terrains dont l'industrie privée ne tire pas un grand profit, mais qu'une association pourrait faire valoir à son avantage.

force et leur intelligence au profit de toute la communauté.

Ainsi il y aurait dans ces colonies au-delà du nombre strictement nécessaire d'hommes, de femmes et d'enfants pour faire les ouvrages de ferme, un grand nombre d'ouvriers sans cesse employés, soit à défricher de nouvelles terres, soit à bâtir de nouveaux établissements pour les infirmes et les vieillards ; les avances faites à l'association ou ses bénéfices ultérieurs, lui permettraient d'employer tous les ans des capitaux considérables à ces dépenses productives.

Lorsque l'industrie privée aura besoin de bras, elle viendra les demander à ces dépôts centraux qui, par le fait, maintiendront toujours les salaires à un taux rémunérateur ; car il est clair que l'ouvrier, certain de trouver dans les colonies agricoles une existence assurée, n'acceptera de travail dans l'industrie privée, qu'autant que celle-ci lui offrira des bénéfices au-delà de ce *strict nécessaire* que lui fournira toujours l'association générale.

Pour stimuler ces échanges comme pour exciter l'émulation des travailleurs, on prélèvera sur les bénéfices de chaque établissement une somme destinée à créer pour chaque ouvrier une masse individuelle. Ce fonds constituera une véritable caisse d'épargne, qui délivrera à chaque ouvrier, au moment de son départ, en sus de sa solde, une action dont le montant sera réglé d'après ses jours de travail, son zèle et sa bonne conduite. De sorte que l'ouvrier laborieux pourra, au moyen de sa masse individuelle, s'amasser, au bout de quelques années, une somme capable d'assurer son existence pour le reste de ses jours, même hors de la colonie.

Pour mieux définir notre système, nous aurons recours à une comparaison. Lorsqu'au milieu d'un pays coule un large fleuve, ce fleuve est une cause générale de prospérité; mais quelquefois la trop grande abondance de ses eaux ou leur excessive rareté, amène ou l'inondation ou la sécheresse. Que fait-on pour remédier à ces deux fléaux? On creuse, le Nil nous en fournit l'exemple, de vastes bassins où le fleuve déverse le surplus de ses eaux quand il en a trop et en reprend au contraire quand il n'en a pas assez ; et de cette manière on assure aux flots cette égalité constante de niveau d'où naît l'abondance. Eh bien ! voilà ce que nous proposons pour la classe ouvrière, cet autre fleuve qui peut être à la fois une source de ruine ou de fertilité, suivant la manière dont on tracera son cours. Nous demandons pour la masse flottante des travailleurs de grands refuges où l'on s'applique à développer leurs forces comme leur esprit, refuges qui, lorsque l'activité générale du pays se ralentira, conserveront le surplus des forces non employées pour les rendre ensuite au fur et à mesure au mouvement général. Nous demandons en un mot de véritables *déversoirs* de la population, *réservoirs* utiles du travail, qui maintiennent toujours à la même hauteur cet autre niveau de la justice divine qui veut que la sueur du pauvre reçoive sa juste rétribution.

Les prud'hommes, c'est-à-dire, les représentants des ouvriers, seront les régulaleurs de cet échange continuel. Les prud'hommes de l'industrie privée, au fait de tous les besoins de leurs subordonnés, partageront avec les maires des communes le droit d'envoyer aux colonies agricoles ceux qu'ils ne pourront pas employer. Les prud'hommes des colonies, au fait de la capacité de chacun, chercheront à placer avantageusement dans l'industrie privée tous ceux dont celle-ci aurait besoin. On trouvera peut-être quelques inconvénients pratiques à cet échange; mais quelle est l'institution qui n'en offre pas dans ses commencements? Celle-ci aura l'immense avantage de multiplier l'instruction du peuple, de lui donner un travail salubre et de lui apprendre l'agriculture; elle rendra générale cette habitude que l'industrie du sucre de betterave et même l'industrie de la soie ont déjà introduite, de faire passer alternativement les ouvriers du travail des champs à celui des ateliers.

Les prud'hommes seront au nombre de un sur dix, comme dans l'industrie privée.

Au-dessus des prud'hommes, il y aura des directeurs chargés d'enseigner l'art de la culture des terres.

Ces directeurs seront élus par les ouvriers et les prud'hommes réunis. Pour qu'ils soient éligibles, on exigera d'eux des preuves de connaissances spéciales en agriculture. Enfin au-dessus de ces directeurs, de ces prud'hommes, de ces ouvriers, il y aura un gouverneur par chaque colonie. Ce gouverneur sera nommé par les prud'hommes et les directeurs réunis.

L'administration se composera du gouverneur et d'un comité formé d'un tiers de directeurs et de deux tiers de prud'hommes.

Chaque année les comptes seront imprimés, communiqués à l'assemblée générale des travailleurs et soumis au conseil général du département, qui devra les approuver et aura le droit de casser les prud'hommes ou directeurs qui auraient montré leur incapacité. Tous les ans les gouverneurs des colonies se rendront à Paris, et là, sous la présidence du ministre de l'intérieur, ils discuteront le meilleur emploi à faire des bénéfices dans l'intérêt de l'association générale.

Tout commencement est pénible ; ainsi nous n'avons pas trouvé les moyens de créer ces colonies agricoles économiquement, sans établir des espèces de camp où les ouvriers soient baraqués comme nos troupes, pendant les premières périodes. Il va sans dire que dès que les recettes surpasseront les dépenses, on remplacera ces baraques par des maisons saines, bâties d'après un plan mûrement médité. On construira alors des bâtiments accessoires pour donner aux membres de la colonie et aux enfants l'instruction civile et religieuse. Enfin on formera de vastes hôpitaux pour les infirmes, pour ceux que l'âge aurait mis dans l'impossibilité de travailler.

Une discipline sévère règnera dans ces colonies ; la vie y sera salutaire, mais rude ; car leur but n'est pas de nourrir des fainéants, mais d'ennoblir l'homme par un travail sain et rémunérateur et par une éducation morale. Les ouvriers et les familles occupées dans ces colonies y seront entretenus le plus simplement possible. Le logement, la solde, la nourriture, l'habillement seront réglés d'après le tarif de l'armée, car l'organisation militaire est la seule qui soit basée à la fois sur le bien-être de tous ses membres et sur la plus stricte économie.

Cependant ces établissements n'auraient rien de militaire, ils emprunteraient à l'armée son ordre admirable, et voilà tout.

L'armée est simplement une *organisation*, la classe ouvrière formerait une *association*. Ces deux corps auraient donc un principe et un but tout différents.

L'armée est une organisation qui, devant exécuter aveuglément et avec promptitude l'ordre du chef, doit avoir pour base une hiérarchie qui parte d'en haut.

La classe des travailleurs formant une association, dont les chefs n'auraient d'autres devoirs que de régulariser et exécuter la volonté générale, sa hiérarchie doit être le produit de l'élection. Ce que nous proposons n'a donc aucun rapport avec les colonies militaires.

Afin de rendre notre système plus palpable, nous allons présenter un aperçu des recettes et dépenses probables d'une colonie agricole. Ces calculs sont basés sur des chiffres officiels. Cependant tout le monde comprendra la difficulté d'établir un semblable budget. Il n'y a rien de moins exact que l'appréciation détaillée des revenus de la terre. Nous ne prétendons pas avoir tout prévu. La meilleure prévision, dit Montesquieu, est de songer qu'on ne peut tout prévoir. Mais si nos chiffres peuvent prêter à diverses interprétations, nous ne saurions admettre qu'il en soit ainsi du système en lui-même. Il est possible que malgré le soin que nous avons apporté dans nos évaluations, nous ayions omis quelques dépenses ou même quelques recettes, ou bien compté à un taux trop élevé les rendements de la terre; mais ces omissions ne nuisent en rien à l'idée fondamentale que nous croyons juste, vraie, féconde en bons résultats : le simple raisonnement qui suit le prouvera.

Ordinairement les revenus du sol sont partagés en trois parties, sans compter celle du fisc. La première fait vivre les ouvriers qui travaillent la terre, la deuxième est l'apanage du fermier, la troisième enrichit le propriéaire.

Dans nos fermes modèles, la classe ouvrière aura pour elle seule ces trois produits : elle sera à la fois travailleur, fermier, propriétaire; ses bénéfices seront donc immenses, et ce'a d'autant plus que, dans une association bien établie, les dépenses sont toujours moindres que dans les exploitations particulières. La première partie fera vivre dans une modéste aisance un grand nombre de familles pauvres ; la seconde partie servira à établir les masses individuelles dont nous avons parlé ; la troisième partie donnera les moyens, non-seulement de bâtir des maisons de bienfaisance, mais d'accroître sans cesse le capital de la société en *achetant de nouvelles terres.*

C'est là un des plus grands avantages de notre projet. Car tout système qui ne renferme pas en lui un moyen d'accroissement continuel est défectueux. Il peut bien momentanément amener quelques bons résultats, mais lorsque l'effet qu'il devait produire est réalisé, le malaise qu'il a voulu détruire se renouvelle, c'est comme si on n'avait rien fait. La loi des pauvres en Angleterre, les Work-houses, en fournissent des exemples frappants.

Ici, au contraire, lorsque les colonies agricoles seront en plein rapport, elles auront toujours la facilité d'étendre leur domaine, de multiplier leurs établissements, afin d'y placer de nouveaux travailleurs. Le seul cas qui viendra arrêter momentanément cet accroissement sera celui où l'industrie privée aura besoin de bras et pourra les employer plus avantageusement. Alors les terres cultivées ne seront pas abandonnées pour cela; le nombre excédant d'ouvriers dont nous avons parlé rentrera dans le domaine public jusqu'à ce qu'une nouvelle stagnation les renvoie de nouveau à la colonie agricole.

Ainsi, tandis que d'un côté, par notre loi égalitaire, les propriétés se divisent de plus en plus, l'association ouvrière reconstruira la grande propriété et la grande culture.

Tandis que l'industrie attire sans cesse la population dans les villes, les colonies la rappelleront dans les campagnes.

Quand il n'y aura plus assez de terre à assez bas prix en France, l'association établira des succursales en Algérie, en Amérique même; elle peut un jour envahir le monde! car partout où il y aura un hectare à défricher et un pauvre à nourrir, elle sera là avec ses capitaux, son armée de travailleurs, son incessante activité.

Et qu'on ne nous accuse pas de rêver un bien impossible; nous n'aurions qu'à rappeler l'exemple de la fameuse compagnie anglaise des Indes Orientales : qu'était-ce? sinon une association comme celle que nous proposons, mais dont les résultats, quoique surprenants, ne furent pas aussi favorables à l'humanité que celle que nous appelons de tous nos vœux.

Avant de pénétrer si loin dans l'avenir, calculons les recettes et les dépenses probables de ces établissements.]

CHAPITRE IV.

RECETTES ET DÉPENSES.

—

D'après notre supposition, l'association ouvrière aurait à défricher les 2/3 de 9,190,000 hectares de terre, aujourd'hui inculte, c'est-à-dire 6,127,000 hectares.

Pour savoir combien ces hectares rapporteraient s'ils étaient soumis à une culture habile, sans jachères, nous avons fait le calcul suivant :

Le nombre d'hectares des cultures dans la France entière est de. 19,314,741

Celui des prairies tant naturelles qu'artificielles. . . . . . , . . . 5,774,745

Etendue en hectare. Total. . . 25,089,486

La valeur du produit brut de ces terrains est :

Pour les cultures. 3,479,583,005

Pour les prairies. 666,363,412

Produit total, francs. . . . 4,145,946,417

Le produit moyen par hectare de terres ensemencées ou mises en prairies s'élève donc à 165 francs.

D'un autre côté il y a en France 51,568,845 animaux domestiques de toute espèce, qui donnent un produit brut de 767,251,851 francs (1). L'une dans l'autre, chaque tête de bétail rapporte donc 15 fr., et comme ces bestiaux sont nourris sur environ 26 millions d'hectares, cela fait environ deux têtes de bétail par hectare. En moyenne, on peut dire que chaque hectare produit 195 fr. dont 165 fr. pour le revenu de la terre et 30 fr. pour le revenu des bestiaux.

---

(1) Nous dirons plus tard pourquoi nous ne comprenons pas dans le produit brut des bestiaux, la valeur de la viande consommée.

Nos 6,127,000 hectares mis en culture et en prairies, rapporteront donc :

Pour le produit brut de la terre.   1,010,955,000

Et pour le produit des animaux.   183,810,000

Total en francs . .   1,194,654,000

Retranchant de ce nombre ce que ces hectares produisent aujourd'hui d'après la statistique, c'est-à-dire les 2/3 de 82,064,046 fr., on a   54,709,364

La richesse territoriale se sera accrue de. . . .   1,140,055,636

Voyons maintenant quelle serait la dépense. Pour faciliter nos calculs, supposons que les terres à défricher soient également réparties par chaque division politique de la France. Nous aurons 6,127,000 hectares à diviser par 86, ce qui nous donnera par département 71,241 hectares.

En fixant un terme de vingt ans au bout duquel toutes les terres devront être mises en culture, il y aura par an, par département, 3,562 hectares à défricher.

Le nombre de bras nécessaires pour ce travail peut se fixer ainsi : un ouvrier défriche en terme moyen (1) trois hectares par an. Mais, comme il faut compter les malades, et qu'ensuite, dès la seconde année, ces ouvriers seront obligés de donner une partie de leurs soins à la culture des terres déjà défrichées, et d'aider les familles agricoles qui seront appelées annuellement en sur-

---

(1) D'après les renseignements qu'on nous a fourni, un homme défriche 2 hectares de bois par an, ou bien 4 hectares de bruyères. La moyenne est donc de 3 hectares, en supposant un nombre égal de bois ou de bruyères, ce qui est évidemment bien au delà de la réalité, puisque les terres incultes qui sont à défricher ne sont pas comprises dans le sol forestier. On pourrait donc prendre comme moyenne 4 hectares au lieu de 3.

croît, nous ne supposerons qu'un travail de deux hectares par an. Il faudra donc 1781 ouvriers pour accomplir cette tâche en vingt ans, et comme chaque année il y aura 5,562 hectares annuellement défrichés, la colonie accueillera tous les ans 120 familles pour aider à la culture des terres défrichées (1) et pour soigner les bestiaux, puisque nous avons aussi compté d'après le relevé général de la France deux bestiaux par hectare.

---

(1) Un grand propriétaire très-versé dans ce qui a rapport à l'agriculture a eu la bonté de nous fournir le renseignement suivant :

Pour cultiver une ferme de 150 hectares suivant l'ancien système, blé, avoine, jachères, il faut :

7 domestiques et une servante toute l'année.

6 batteurs employés pendant six mois.

4 parcours employés pendant trois mois.

20 moissonneurs occupés pendant six semaines.

Avec le nouveau système, où l'on remplace la jachère par des plantes sarclées, il faut avoir un homme de plus par an.

Dans nos calculs, nous avons donc mis un nombre de bras bien suffisant.

La colonie achèterait donc tous les ans, à partir de la fin de la première année, deux fois autant de bestiaux qu'elle aurait défriché d'hectares dans l'année précédente. Ainsi, pendant vingt ans, la colonie aurait des recettes et des dépenses qui suivraient une progression croissante.

LES RECETTES, sans compter les premières avances du gouvernement, se composent de l'augmentation périodique de 5,562 hectares défrichés et de l'augmentation annuelle de la valeur de ces hectares. Car en admettant que chaque hectare donne un produit de 195 fr., les terres ne rapporteront cette somme qu'au bout de trois ans de culture et quatre années de travail. C'est-à-dire que la première année après son défrichement, chaque hectare rapportera 65 fr., la seconde année 130 fr., et les années suivantes 195 fr.

Quant *aux dépenses*, à part les premiers frais d'établissement, il y aura chaque année des dépenses qui se renouvelleront sans cesse, telle que la solde de 1781 ouvriers et de 120 familles, l'intérêt des terrains appartenant aux communes ou aux particuliers, la dépense des ensemencements, des écuries, des frais d'administration, de 7,124 nouveaux bestiaux à acheter; de plus, il y aura chaque année un accroissement régulier qui consistera dans l'entretien de 120 nouvelles familles, plus la construction des baraques pour les loger.

Chaque ouvrier recevra la solde du soldat, chaque famille la solde de trois ouvriers. L'habillement doit être bien meilleur marché pour des ouvriers que pour des soldats; nous le calculerons cependant au même taux, afin de ne rien changer aux prix établis. Chaque homme coûtera donc par an, tout compris, 318 francs (1).

---

(1) DÉPENSES D'UN SOLDAT D'INFANTERIE PAR AN.

Solde à 30 centimes par jour.....	109	50	
Masses personnelles............	86	15	
Valeur des rations............	64	67	80
Habillement..................	34	40	
Dépenses d'hôpital............	24	13	
Francs.........	318	85	80

Les prud'hommes recevront la solde des sous-officiers, les directeurs recevront la solde d'officiers, le gouverneur la solde de colonel.

Jusqu'à ce que la colonie ait donné des bénéfices, tous les ouvriers seront logés dans des baraques construites comme celles de nos camps militaires. Ces baraques, vastes et saines (1), contiennent ordinairement douze hommes. Nous ne

---

(1)　　　DIMENSION DES BARAQUES.

Profondeur	3m,90
Longueur............................	4 ,60
Hauteur aux pieds droits..........	1 ,00
Hauteur sous les arbalétiers aux faîtes.	3 ,30
Les murs, en torchis et en clayonnage,	
ont d'épaisseur...................	0 ,10

Pour camper une division d'infanterie de 10,904 hommes, il faut 1,160 baraques du modèle dont il s'agit. On peut évaluer à 150.000 fr. la dépense de construction, et à 12,000 fr. les dépenses nécessaires pour leur entretien pendant huit années qu'elles pourront durer. (*Aide-mémoire du génie*, par le capitaine Laisné, p. 516.)

voudrions y mettre qu'une escouade de dix hommes avec leur prud'homme lorsqu'ils ne seraient
pas mariés. Dans le cas contraire il y aurait une
famille par baraque, et ces baraques seraient
construites sur une plus petite échelle.

Dans plusieurs départements il y des baraques semblables près des fabriques de sucre.

En faisant les calculs que nous avons mis à la
fin de la brochure, on trouve qu'avec une avance
de 511 millions, les recettes et dépenses des colonies seraient, au bout de vingt-trois ans, de :

Recettes annuelles   1,194,694,800
Dépenses.   578,622,278
                                  ─────────────
Le profit pour l'association se-
rait de. . . . .   816,072,522 fr.

206,400 familles, 153,166 ouvriers de la classe
pauvre seraient entretenus. La France serait enrichie de 12 millions de nouveaux bestiaux. Enfin le gouvernement prélèverait sur le revenu
brut, d'après le taux actuel, près de 37 millions
de francs.

CHAPITRE V.

RÉSUMÉ.

—

Dans l'aperçu sommaire que nous avons présenté des bénéfices, nous sommes restés bien en deçà de la vérité, car l'exploitation du *quart* du domaine agricole aujourd'hui stérile, non-seulement augmenterait d'*un quart* la valeur du revenu brut de la France, mais cet accroissement de richesse donnerait à toutes les branches du travail national une activité immense qu'il est plus facile de comprendre que d'expliquer dans tous ses détails. Non-seulement ces colonies empêcheraient au bout de vingt ans plus d'un million d'êtres de languir dans la misère, non-seulement elles feraient vivre une foule d'industries annexes à l'agriculture, mais ce bénéfice annuel de 800 millions échangé dans le pays contre d'autres produits augmenterait dans le même rapport la consommation et le commerce intérieur. Ce bénéfice offrirait à tous les fruits du travail un *débouché* plus considérable que ne pourraient le faire les traités de commerce les plus avantageux, puisque cette valeur de 800 millions dépasse de 156 millions la valeur de toutes nos exportations hors de France qui s'est élevée, en 1842, à 644 millions. (Voyez documents de douanes, commerce spécial, résumé analytique, nᵒ 6.)

Pour rendre ce raisonnement plus saisissant, et pour montrer toute l'importance du commerce intérieur, supposons que ces colonies agricoles fussent non enclavées dans le territoire, mais séparées du continent par un bras de mer et une ligne de douane, et que cependant elles fussent obligées à n'avoir de rapport commerciaux qu'avec la France. Il est clair que si leur production agricole leur donnait un bénéfice de 800 millions, cette somme serait échangée contre des produits

continentaux, soit manufacturés, soit du sol
même, mais de différentes natures.

Nous croyons donc que l'accroissement de la
consommation intérieure, favorisée par cet accroissement de richesses et d'aisance, remédie-
rait plus que tout autre chose au malaise dont
se plaignent certaines industries, et surtout
qu'il ferait cesser en partie les maux dont souffrent les cultivateurs de la vigne, tout en ren-
dant le pain et la viande meilleur marché.

En effet, il est présumable que par la nature
de leur sol, ces colonies produiraient des cé-
réales et des bestiaux, mais pas de vin. Or, en
augmentant par leur production la quantité de
blé et de viande, elles diminueraient le prix de
ces denrées de première nécessité, ce qui ten-
drait à en augmenter la consommation en per-
mettant à la classe pauvre d'en manger; et,
d'un autre côté, l'accroissement d'aisance augmenterait le nombre de ceux qui peuvent boire
du vin, et par conséquent la consommation
générale.

Il est facile d'expliquer par les chiffres officiels le malaise de nos viticoles. La France produit 36,783,223 hectolitres de vins sans compter les eaux-de-vie.

Elle en consomme. 23,578,248
Elle en exporte. 1,351,677

Total de la consommation intérieure et extérieure. . . . 24,929,925

Retranchant cette somme de la production, il
reste 11,853,298 hectolitres *sans emploi.*

Ces chiffres montrent et la cause du malaise
et les moyens d'y remédier; ils prouvent la su-
périorité du marché national sur l'exportation;
car si, par les moyens que nous avons indiqués,
l'activité donnée au commerce intérieur aug-
mentait seulement la consommation de 1/10, ce
qui n'est pas hors des probabilités, l'augmen-
mentation serait donc de 2,357,824 hectolitres,
ce qui est près du double de toutes nos exportations.

D'un autre côté, si la politique de nos gouvernants parvenait, ce que nous sommes loin de prévoir, à augmenter nos exportations de 1/5, ce qui serait un résultat immense, cet accroissement ne serait que de 270,334 hectolitres.

Le travail qui crée l'aisance et l'aisance qui consomme, voilà les véritables bases de la prospérité d'un pays. Le premier devoir d'un administrateur sage et habile, est donc de s'efforcer, par l'amélioration de l'agriculture et du sort du plus grand nombre, d'augmenter la consommation intérieure qui est loin d'être arrivée à son apogée. Car, *statistiquement* parlant, en France, chaque habitant consomme par an, en moyenne : De froment, méteil, seigle 2,71 hectolitres, ce qui fait 328 rations de pain par individu par an; de viande, 20 kilog.; de vin, 70 litres; de sucre, 3,4 kilog. Ce qui veut dire, *humainement* parlant, qu'il y a en France plusieurs millions d'indivus qui ne mangent ni pain, ni viande, ni sucre, et qui ne boivent point de vin. Car tous les gens riches consomment bien au-delà de cette moyenne, c'est-à-dire

365 rations de pain au lieu de 328, 180 kilog. de viande au lieu de 20 kilog., 365 litres de vin au lieu de 70, et 50 kilog. de sucre au lieu de 3 et 2,5.

Nous ne produisons pas trop, mais nous ne consommons pas assez !

Au lieu d'aller chercher des consommateurs en Chine, qu'on augmente donc la richesse territoriale ; qu'on emploie tous les bras oisifs au profit de toutes les misères et de toutes les industries ; ou plutôt qu'on fasse l'un et l'autre si l'on peut, mais surtout qu'on n'oublie pas qu'un pays comme la France, qui a été si richement doté du ciel, renferme en lui-même tous les éléments de sa prospérité, et que c'est une honte pour notre civilisation de penser qu'au 19e siècle, le dixième au moins de la population est en haillons et meurt de faim en présence de millions de produits manufacturés qu'on ne peut vendre, et de millions de produits du sol qu'on ne peut consommer !

En résumé, le système que nous proposons est la résultante de toutes les idées, de tous les vœux émis par les économistes les plus compétents depuis un demi-siècle.

Dans le rapport au roi de M. Gouin, qui se trouve en tête de la statistique officielle agricole (page XXVIII), le ministre déclare qu'un des plus grands progrès à obtenir est le défrichement de ces terres qui ne rapportent que 8 francs par hectare. Notre projet réalise cette pensée.

Tous les hommes qui se sentent animés de l'amour de leurs semblables réclament pour qu'on rende enfin justice à la classe ouvrière, qui semble déshéritée de tous les biens que procure la civilisation; notre projet lui donne tout ce qui relève la condition de l'homme, l'aisance, l'instruction, l'ordre, et à chacun la possibilité de s'élever par son mérite et son travail. Notre organisation ne tend à rien moins qu'à rendre, au bout de quelques années, la classe la plus pauvre aujourd'hui, l'association la plus riche de toute la France.

Aujourd'hui la rétribution du travail est abandonnée au hasard ou à la violence. C'est le maître qui opprime ou l'ouvrier qui se révolte. Par nôtre système les salaires son fixés comme les choses humaines doivent être règlées, non par la force, mais par un juste équilibre entre les besoins de ceux qui travaillent et les nécessités de ceux qui font travailler.

Aujourd'hui tout afflue à Paris, le centre absorbe à lui seul toute l'activité du pays ; notre système, sans nuire au centre, reporte la vie vers les extrémités, en faisant agir 86 nouvelles individualités travaillant sous la haute direction du gouvernement dans un but continuel de perfectionnement.

Et que faut-il pour réaliser un semblable projet? une année de solde de l'armée, quinze fois la somme qu'on a donnée à l'Amérique, une dépense égale à celle qu'on emploie aux fortifications de Paris.

Et cette avance rapportera, au bout de vingt ans, à la France un milliard, à la classe ouvrière 800 millions, au fisc 57 millions !

Que le gouvernement mette à exécution notre

idée, en la modifiant de tout ce que l'expérience
des hommes versés dans ces matières compli-
quées peut lui fournir de renseignements utiles,
de lumières nouvelles ; qu'il prenne à cœur tous
les grands intérêts nationaux, qu'il établisse le
bien-être des masses sur des bases inébranlables,
et il sera inébranlable lui-même. La pauvreté ne
sera plus séditieuse, lorsque l'opulence ne sera
plus oppressive, les oppositions disparaîtront et
les prétentions surannées qu'on attribue à tort
ou à raison à quelques hommes, s'évanouiront
comme les *folles brises* qui rident la surface des
eaux sous l'équateur et s'évanouissent en présence du *vent réel* qui vient enfler les voiles et
faire marcher le navire.

C'est une grande et sainte mission, bien digne
d'exciter l'ambition des hommes, que celle qui
consiste à apaiser les haines, à guérir les blessures, à calmer les souffrances de l'humanité en
réunissant les citoyens d'un même pays dans un
intérêt commun, et en accélérant un avenir que
la civilisation doit amener tôt ou tard.

Dans l'avant-dernier siècle La Fontaine émettait cette sentence, trop souvent vraie et cependant si triste, si destructive de toute société, de tout ordre, de toute hiérarchie : « *Je vous le dis en bon Français, notre ennemi c'est notre maître !* »

Aujourd'hui le but de tout gouvernement habile doit être de tendre par des efforts à ce qu'on puisse dire bientôt : *le triomphe du christianisme a détruit l'esclavage ; le triomphe de la révolution française a détruit le servage ; le triomphe des idées démocratiques a détruit le paupérisme !*

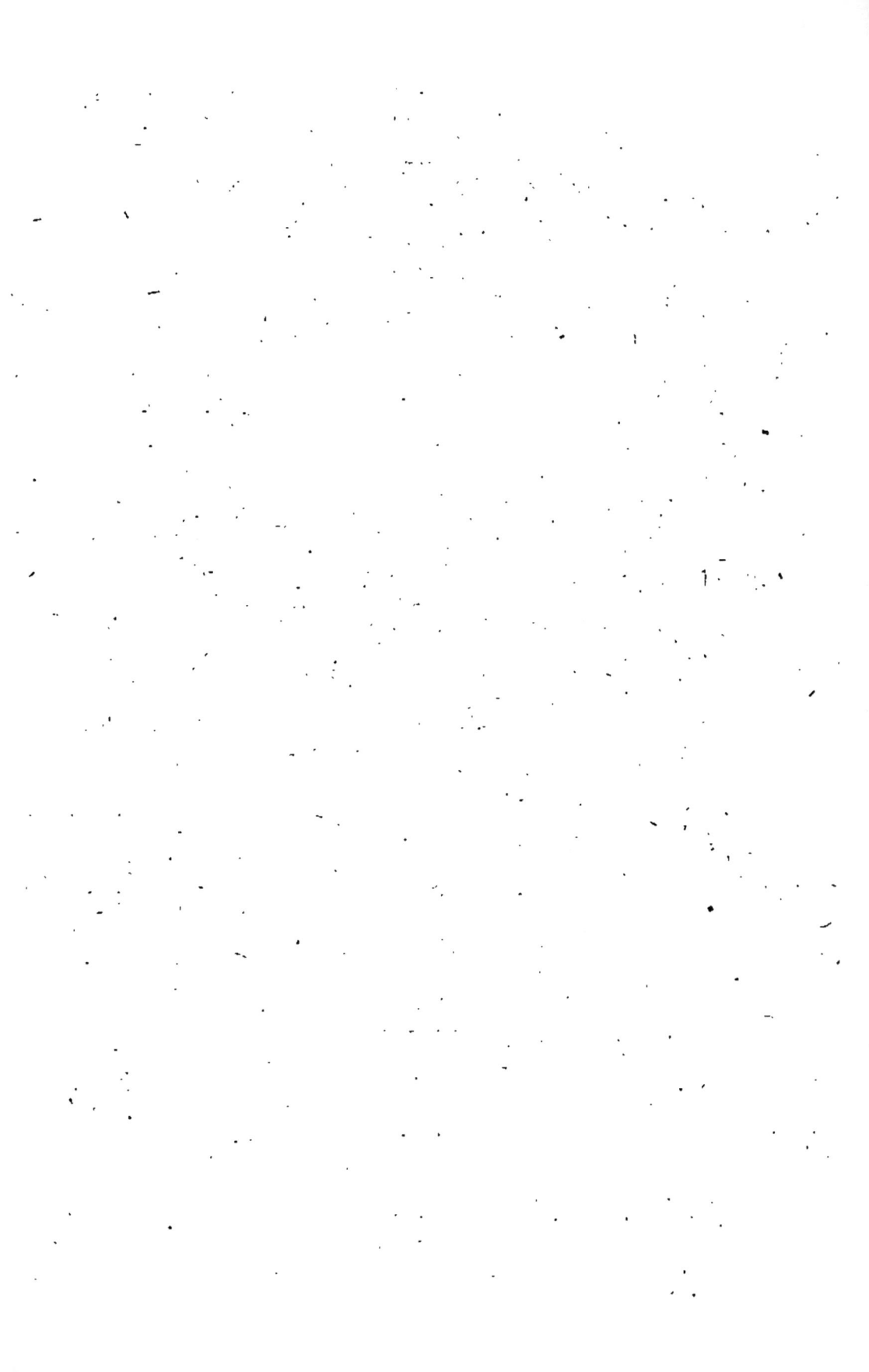

TABLEAUX JUSTIFICATIFS

CALCUL DES DÉPENSES ET RECETTES D'UNE COLONIE AGRICOLE.

FIN DE LA PREMIÈRE ANNÉE.

DÉPENSES.

Désignation	Montant	Totaux
1784 ouvriers à 218 fr............	566,338	
120 familles. Une famille complée comme 5 ouvriers............	114,480	
Surcroît de solde de 190 prud'hommes à 36 fr............	6,840*	
19 directeurs agricoles à 1,800 fr............	34,200	
1 gouverneur............	6,000	
La valeur moyenne des ensemencements étant de 25 f. 20 c. par hectare............	82,658	
Prix de 7124 têtes de bétail à 36 fr. 20 c............	257,889*	1,210,212
Ecuries et granges............	100,000	
Frais d'administration............	10,000	
Intérêt du prix du terrain 5362 hectares............	31,807	
162 baraques à 11 hommes, à 150 fr............	21,060	
120 hommes pour une famille, à 100 fr............	12,000	83,060
Outils............	50,000	
		1,293,272

RECETTES.

Désignation	Montant
Don du gouvernement............	1,293,272

Mêmes dépenses que l'an-
née précédente......... 1,210,242

Augmentation progressive
chaque année.

420, nouvelles; familles
1 directeur, 12 pru-
d'hommes......... 116,712
120 baraques....... 12,000
Intérêts des nouvelles
terres........... 34,807
Outils........... 5,000
Nouveaux frais d'ad-
ministration et en-
tretien........... 2,500

168,019

1,378,231

Don du gouvernement........ 1,146,701
Revenu de 3562 hectares à 65 f. 231,530

1,378,231

FIN DE LA TROISIÈME ANNÉE.

Dépenses égales à l'année précédente................ 1,378,231
Plus................ 168,019

1,546,250

Don du gouvernement........ 851,660
Revenu de 3562 hectares à 130 f. 463,060
Revenu de 3562 hectares à 65 f. 231,530

1,546,250

* Nous n'avons pas compris dans les dépenses la nourriture des bestiaux, parce que le fumier qu'ils donnent et
la valeur des abattages pour la viande de boucherie, qui s'élèvent tous les ans à 545,180,518 francs, compensent et
au-delà le prix de leur entretien.

FIN DE LA QUATRIÈME ANNÉE.

		Don du gouvernement..........	325,089
		Revenu de 3562 hectares à 195 f.	694,590
Dépenses	1,546;250	Revenu de 3562 hectares à 130 f.	463,060
Plus....................	168,019	Revenu de 3562 hectares à 65 f.	231,530
	1,714,269		1,714,269

FIN DE LA CINQUIÈME ANNÉE.

		Revenu de l'année précédente..	1,714,269
Dépenses.................	1,882,288	Plus l'accroissement régulier de	694,590
			2,408,859

Profit........ 526,571.

On voit que les dépenses augmentent tous les ans de............ 168,019
Et les revenus de... 694,590

Au bout de dix ans les revenus seraient de..................... 5,881,309
Les dépenses de... 2,722,383

Le profit... 3,158,926

Toutes les terres seraient défrichées au bout de 20 ans, mais elles ne seraient en plein rapport qu'au bout de la 25e année. A cette époque les dépenses qui depuis la 20me année seraient restées stationnaires, seraient de............................... 4,402,573
Les revenus seraient de...................................... 13,891,800

Le bénéfice net de.. 9,489,227

Comme nous avons, pour la facilité des calculs, compté les dépenses et les recettes par département, si on multipliait ces résultats par 86, on aura pour toute la France, au bout de 20 ans, les résultats suivants :
Le gouvernement aurait donc donné 311,038,092 en 4 années, savoir :

La 1re année.......................	111,221,392 fr.
La 2me année......................	98,616,286
La 3me année.....................	75,242,760
La 4me année.....................	27,957,654
TOTAL...........	311,038,092

Les recettes annuelles seraient de.......................... 1,194,694,800
La dépense annuelle de ces 86 colonies.................... 378,622.278

Le profit de l'association.................................. 816,072,522

206,400 familles, 153,166 ouvriers de la classe pauvre seraient entretenus. La France serait enrichie de 12 millions de nouveaux bestiaux. Enfin le gouvernement prélèverait sur le revenu brut, d'après le taux actuel, près de 37 millions de francs d'impôt foncier seulement. Sans compter l'impôt sur les maisons, les centimes additionnels et les impôts indirects.

ÉTENDUE, VALEUR ET PRODUIT DU DOMAINE AGRICOLE.

DÉSIGNATION.	ÉTENDUE DES CULTURES en hectares.		VALEUR DES PRODUITS en francs.		VALEUR DES SEMENCES annuelles, en francs.
Froment...............	5,586,786		1,102,768.057		182,163,337
Epeautre...............	4,735		806,725		93,295
Méteil................	910,952		144,170.351		23,700,929
Seigle................	2,577,255		296,292,740		55,279,842
Orge.................	1,188,189	13,900,262	157,622,411		21,588,838
Avoine...............	5,000,654		302,011.470		45,605,437
Maïs.................	634,751		71,796,084		2,282,097
Vignes.	1,962,340		Vins..... 419,029,152		»
			Eau-de-vie 59,050,150		»
Pommes de terre........	924,970		202,405,866		21,696,579
Sarrasin	651,241		61,588,641		5,995,854
Légumes secs...........	296,925		52,007.840		8,107,419
Jardins...............	560,696		157,095.888		»
Betteraves.............	57,665		28.979,449		754,687
Colza................	173,506	5,442,139	51,126,744	3,479,583,005	602,813
Chanvre..............	176,148		86,287,341		7,487,617
Lin..................	98,244		57,507,216		5,217,350
Tabac................	7,955		5,483,558		»
Garance..............	14,674		9,543,549		»
Houblon..............	826		951,559		»
Châtaigneraies.........	455,586		15.528,190		»
Mûriers..............	41,276		42,779,088		»
Oliviers..............	121,228		22,776,598		»
Autres cultures.........	64,597		12,209,868		»
			Bière.... 58,055,755		»
			Cidre.... 84,422,157		»
Prairies naturelles.......	4,198,198		462,598,243		»
Prairies artificielles......	1,576,547		205,765,169		38,305,955
Jachères..............	6,765,281		92,285,902		
Pâtures, landes, pâtis et communaux..........	9,191,076		82,064,046	Total fr.. 414,679,744	
Bois { de la couronne......	52,972		1,047,404		
Bois { de l'Etat..........	1,048,907	8,804,550	32,871,969		
Bois { des communes et des particuliers	7,335,965		172,861,152		
Sol forestier...........	568,705				
Vergers, pépinières et oseraies...............	766,578		Total fr.. 4,526,896,890		
Surface des routes, rivières, villes, etc...........	2,153,646				
Étendue totale du territoire en hectares.......	52,768,617				

L'étendue totale des cultures..... = 19,314,741 hect.
L'étendue des cultures et des prairies. = 25,089,486 hect.
L'étendue des terres ensemencées.. = 17,852,499 hect.
L'étendue des terrains qui nourrissent les bestiaux est environ..... = 26,000,000 hect.

NOMBRE, VALEUR ET PRODUIT DES BESTIAUX.

DÉSIGNATION.	NOMBRE ou QUANTITÉ.		VALEUR en francs.		REVENU TOTAL en francs.	
Taureaux............	599,026		33,613,990		9,695,577	
Bœufs...............	1,968,838		301,819,337		62,576,699	
Vaches.............	5,504,825	9,936,538	487,875,663	876,245,753	214,790,094	312,215,607
Veaux..............	2,066,849		52,936,763		25,153,257	
Béliers.............	575,715		9,245,405		2,607,790	
Moutons...........	9,462,180		127,862,305		42,253,316	
Brebis.............	14,804,946	32,151,430	135,958,491	314,583,257	59,925,119	120,050,443
Agneaux...........	7,308,589		41,539,056		15,284,217	
Porcs..............	4,910,721		172,556,008		79,427,010	
Chèvres............	964,300		8,851,454		5,448,304	
Chevaux...........	1,271,630		218,498,584		120,852,954	
Juments...........	1,194,251	2,818,496	174,709,681	417,834,283	91,585,056	221,095,036
Poulains...........	352,635		24,626,018		8,659,029	
Mules et Mulets.......	573,841		64,284,246		24,244,148	
Anes et ânesses........	413,519		16,217,371		7,771,306	
	51,568,845		1,870,572,369		767,251,851	

$$\text{Le prix moyen de chaque tête de bétail} \ldots = \frac{1,870,572,369}{51,568,845} = 36,2 \text{ francs.}$$

$$\text{Le revenu moyen par tête} \ldots = \frac{767,251,851}{51,568,845} = 14,87 \text{ francs.}$$

$$\text{Le nombre de bestiaux par hectare} \ldots = \frac{26,000,000}{15,568,845} = 1,98 \text{ bestiaux.}$$

$$\text{Le produit moyen des terres par hectare} \ldots = \frac{25,089,486}{4,145,946,417} = 165 \text{ francs.}$$

$$\text{La valeur moyenne des semences par hectare} = \frac{17,852,499}{414,679,744} = 23,2 \text{ francs.}$$

PRINCIPALES CONSOMMATIONS DIVISÉES PAR LE NOMBRE D'HABITANTS.

hectol.

Froment............................	1,72
Méteil.............................	0,33 } 2, hect. 71
Seigle	0,66
Orge, Avoine, Maïs, Sarrasin, Châtaignes...	0,29
Pommes de terre....................	2,34
Légumes secs.......................	0,09

kil.

Viande............................	20,00

hect.

Vins..............................	0,70
Bière.............................	0,12
Cidre.............................	0,30
Valeur totale de la viande consommée....................	545,180,518

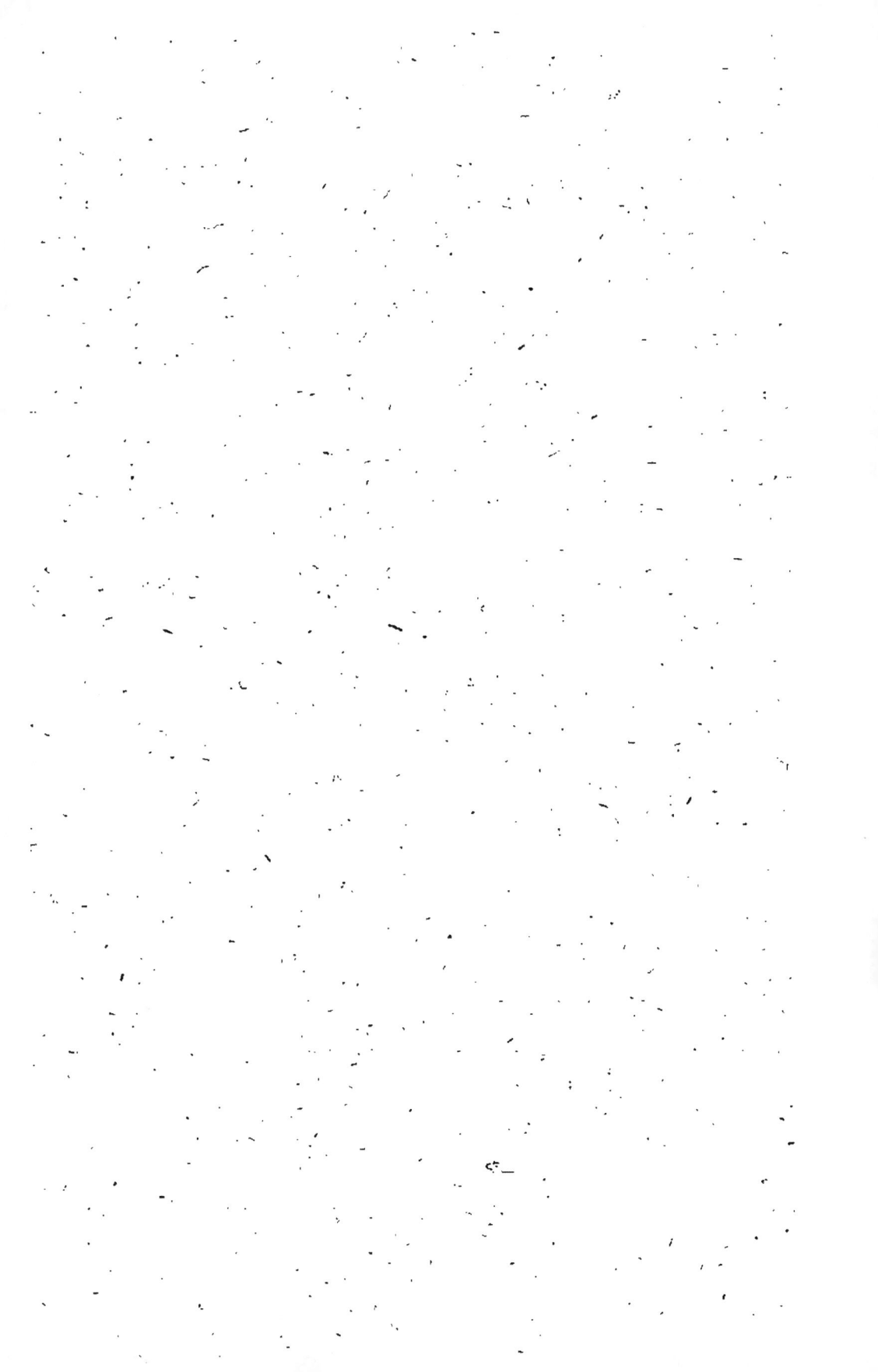

www.ingramcontent.com/pod-product-compliance
Lightning Source LLC
Chambersburg PA
CBHW070948280326
41934CB00009B/2042